AF502411

QUELQUES RÉFLEXIONS

Sur le principe de la

SOUVERAINETÉ DU PEUPLE,

LES INSTITUTIONS D'ÉLECTIONS, LES ÉLECTEURS, LES ÉLIGIBLES, LES DÉPUTÉS-FONCTIONNAIRES, ET LE SUFFRAGE UNIVERSEL,

Par DEBOST,

Ancien greffier du tribunal civil de Bourg, chef-lieu du département de l'Ain, domicilié à Chalon-sur-Saône.

« L'opinion est sacrée quand elle est de bonne foi. »

Paris,

LOUIS LABBÉ, LIBRAIRE,

Rue-St-André-des-Arts, 51,

ET CHEZ LES PRINCIPAUX LIBRAIRES DES DÉPARTEMENTS.

1848.

QUELQUES RÉFLEXIONS

Sur le principe de la

SOUVERAINETÉ DU PEUPLE,

LES INSTITUTIONS D'ÉLECTIONS, LES ÉLECTEURS, LES ÉLIGIBLES,
LES DÉPUTÉS-FONCTIONNAIRES, ET LE SUFFRAGE UNIVERSEL,

Par DEBOST,

Ancien greffier du tribunal civil de Bourg, chef-lieu du département de l'Ain,
domicilié à Chalon-sur-Saône.

« L'opinion est sacrée quand elle est de bonne foi. »

Paris,
LOUIS LABBÉ, LIBRAIRE,
Rue St-André-des-Arts, 51,
ET CHEZ LES PRINCIPAUX LIBRAIRES DES DÉPARTEMENTS,
1848.

1848

CHALON-SUR-SAONE, IMPRIMERIE MONTALAN.

Il n'est aucune institution plus importante que celle qui attribue à des citoyens le choix par élection, de personnes dont la mission est de remplir des fonctions honorifiques et gratuites dans l'intérêt public.

Ces choix par élection, seront inévitablement en raison du plus ou du moins de perfection de ces institutions, jointes à la manière dont on y procède.

Il est donc important de savoir quelle est l'autorité qui a le droit de créer des institutions d'élections.

Ce ne peut être qu'une autorité reconnue légitime par le droit, la force, ou l'usurpation.

La force et l'usurpation ne sont pas des droits légitimes.

Lorsque les hommes politiques auront longtemps disserté et soutenu, suivant leur intérêt et position, que c'est par suite du droit Divin, ou de naissance, ou de droits sacrés, sanctionnés par le temps, et de lois antérieures des plus respectables; ou bien encore que cette faculté doit résulter virtuellement du suffrage universel.

Les hommes éclairés, véritablement amis de l'humanité, finiront généralement par reconnaître que le seul droit légitime de créer des institutions, ne peut exister que par suite du droit conféré par la majorité de l'opinion de toute la partie saine, instruite, éclairée et considérée de la nation, laquelle est, sans fiction, la véritable souveraineté du peuple, qui choisit dans tous les rangs convenables, sans distinction, de telle manière que tous les intérêts soient représentés.

Lorsqu'une grande nation est heureusement parvenue, après des siècles, à la suite de nombreuses et favorables circonstances, a avoir dans son sein au-dessous des gouvernants et des castes privilégiées, déjà retenus dans de certaines limites, qu'ils ne pourraient dépasser impunément; a avoir, dis-je, dans son sein une série de classes en échelons, ayant plus ou moins acquis une certaine aisance, capacité, instruction, considération, qui rendent chacune de ces classes utiles, importantes, influentes, qu'il devient important de consulter et de ménager continuellement, les classes les plus près des hauts dignitaires, disposées à y prendre rang, les intermédiaires à faire contrepied; les troisièmes à se rapprocher des inférieurs sans négliger de monter; toutes les classes se balancent, elles ont l'instinct, s'il devient nécessaire, de se réunir, soit pour atténuer les tendances des sommités, soit pour contenir l'effervescence des masses; elles parviennent finalement à faire prévaloir une justice distributive, dont la bienfaisante influence pénètre tout le corps social, en évitant les excès ; maintenant un équilibre qui arrête ou suspend, conserve, améliore ; équilibre qui dispense la vie du sommet à la base, rend les positions supérieures moins capricieuses, moins indépendantes, mais beaucoup plus sûres, plus avantageuses et toutes les autres meilleures, ou tout au moins plus supportables.

Des personnages politiques fort remarquables, quoique d'opinions diamétralement opposées, dont la multitude suit aveuglement les divers drapeaux, sont parfaitement d'accord sur ce seul point : celui de considérer le suffrage universel comme devant être le palladium des libertés publiques ; sont-ils tous de bien bonne foi ? il est permis d'en douter.

Les partisans de ce système soutiennent, volontiers, qu'il n'est pas rationnel que 200 mille électeurs représentent 34 millions d'âmes. Cette assertion paraît d'un style plus poétique que vrai, parce que cette quantité serait très-éloignée de présenter à l'idée un nombre approximatif d'électeurs ; parce que la population de France peut bien s'élever réellement à 34 millions de personnes, mais étant de sexes différents, la population du sexe masculin est réduite à 17 millions ; ce nombre éprouverait encore indubitablement, la réduction d'une seconde moitié, car il est présumable que l'on ne porterait sur les listes électorales que des individus âgés de 21 ans et au-dessus.

On reconnaîtrait aussi, sans nul doute, qu'il serait indispensable de priver du droit d'électeur :

Les vagabonds et gens sans aveu, les personnes privées de l'exercice de leurs droits civils, les condamnés à des peines afflictives ou infâmantes, les condamnés en police correctionnelle pour vol, escroquerie, banque-route simple, abus de confiance, soustraction commise par des dépositaires publics; pour attentats aux mœurs; les geôliers, guichetiers et les autres agents subalternes de justice et de police; les manœuvres, les ouvriers nomades célibataires, ceux qui sont en état de domesti-cité, qui ont des professions abjectes, les mendiants, en un mot tous les individus qui sont sans fortune, sans instruction, sans capacité ni considération.

L'on reconnaîtrait peut-être aussi qu'il serait prudent d'éliminer de la liste :

Les ministres d'un culte, lesquels ne peuvent être père de famille, et qui, malgré leurs vertus, tendent par leurs positions à n'avoir d'autres intérêts que ceux du ciel.

Les soldats en activité de service, d'obéissance pas-sive : étant suffisamment représentés par leurs parents.

Les agents les plus directs du pouvoir exécutif.

Il est donc fort loin de la vérité d'affirmer que 200 mille électeurs représentent 34 millions d'âmes, tandis qu'en réalité, ils n'en représentent raisonnablement qu'un nombre bien moins considérable ; et que dans le sens le plus large il est à présumer que les listes ne contiendraient jamais des millions d'électeurs, sans lais-ser présager des oscillations continuelles et dangereuses pour la tranquillité du pays.

Il s'agit donc d'examiner froidement s'il serait vérita-blement bien raisonnable de confier les destinées de l'empire au suffrage universel, ou seulement même à deux ou trois millions d'électeurs.

Il faut d'abord prendre en sérieuse considération cetle vérité, acquise par l'expérience, que la très-majeure partie des masses se compose d'ignorants, d'enthousiastes impressionnables, d'opinions peu réfléchies, et dont les idées sont bornées comme leurs positions, lesquelles opinions se fixent par groupe et ne représentent sur mille, que celles de cinq ou six d'entre-elles et de leurs adhérents; petit nombre parmi lequel plusieurs loin d'être unis par de nobles sentiments, ayant très-peu à perdre et beaucoup à gagner, se saisissent d'un étendard qui leur attire l'assentiment du grand nombre pour sortir de l'obscurité; ensuite, après y être parvenu, ils perdent assez vite, totalement la mémoire de leur radicalisme outré, et sont volontiers disposés alors à trouver assez bien tout ce qui est.

N'est-il pas suffisamment démontré par l'histoire, qu'un pouvoir sans limite et prolongé, d'une seule ou de plusieurs castes, amène insensiblement le règne des caprices, de la folie, des extravagances, ordinairement suivis de catastrophes?

Cependant tous ces personnages sont plus ou moins instruits, éclairés et expérimentés.

Que résulterait-il du suffrage universel ou des suffrages de deux ou trois millions d'électeurs?

N'en résulterait-il pas indubitablement que l'ignorance, la brutalité, l'aveuglement auraient très habituellement la majorité, et que dans différentes localités le suffrage de la majorité de ces masses serait l'expression de patronages depuis l'absolutisme jusqu'à la démocratie pure?

Cette majorité résultant du suffrage universel ou du suffrage de plusieurs millions d'électeurs, ne serait-ce point un pouvoir illimité, sans autres guides que des ambitieux, des exaltés, des imprudents; dès-lors cette majorité passionnée autant qu'aveugle, n'aurait aucun frein, ne pourrait produire que caprices, folies, extravagances, désolations; ce serait une arme à deux tranchants, qui blesserait amis et opposants, pour perpétuer un éternel combat à outrance, tendant à arriver à un inconnu épouvantable.

Supposons qu'il soit sanctionné que tous les départements de l'empire aient la faculté de s'agglomérer en une douzaine de petites nations, et ces nations de se choisir chacune un gouvernement qui résulterait de la majorité des opinions du suffrage universel; ne serait-ce pas sonner le tocsin de la guerre civile à peu près partout. Admettons qu'il n'en résulterait que de légers désordres. N'est-il pas raisonnable de conjecturer qu'il y aurait sur le sol de la France autant de gouvernements divergents, même de principes opposés: que ces petites nations seraient sujettes à des désordres intérieurs périodiques; qu'elles se jalouseraient, se feraient la guerre de l'une à l'autre, et finiraient par s'affaiblir de telle façon, que les peuples voisins mieux constitués finiraient bientôt par les subjuguer toutes les unes après les autres.

S'il est également dangereux d'avoir un nombre trop restreint ou trop considérable d'électeurs, et qu'il soit démontré que 200 et tant de mille électeurs ne sont pas suffisants; pourquoi n'essayerait-on pas d'abord d'en augmenter la liste de cent mille; ce qui serait facile: il ne s'agirait relativement à la quotité de l'impôt et aux capacités que de se servir des listes qui contiennent les noms des personnes qui composent les assemblées communales; ce serait, peut-être donner une satisfaction suffisante, très-probablement sans dangers, tout en évitant des extrêmes qui recèlent fort souvent des orages et des tempêtes.

Dans le cas ou l'expérience prouverait, contre toute vraisemblance, que l'addition de 100 mille électeurs ne serait pas assez large, il ne s'agirait, dis-je, pour l'augmenter, que de déclarer électeurs toutes les personnes qui composent les assemblées communales ; et s'il pouvait être sérieusement question de mettre le suffrage universel en vigueur, il serait même encore aussi indispensable que raisonnable, de priver du droit d'être électeurs un assez bon nombre d'individus.

Il y a dans le beau pays de France beaucoup d'exaltés qui soutiennent, avec véhémence, que tout y est faiblesse, corruption, monopole, privilège, qu'enfin rien ne va bien; si l'on disait à ces personnes, mettez-vous la main sur la conscience, et dites-nous : aimeriez-vous mieux être Anglais, Écossais, Irlandais, Carthaginois, Russe, Cosaque, Prussien, Brandebourgeois, Mayencais, Autrichien, Tyrolien, Bohémiens? Ils répondraient tous et chacun... non, nous préférons être Français. Ne serait-ce pas avouer tacitement que le gouvernement des Français vaut mieux que tous les autres? Donc tout n'y est pas au pire; donc les principes de charité, de liberté, d'égalité, de fraternité y ont plus de racines, y sont pratiqués plus généralement, y ont plus d'extension que partout ailleurs.

L'on semble considérer comme un danger de voir la chambre élective insensiblement envahie par un trop grand nombre de fonctionnaires.

D'abord, il est essentiel que la chambre des députés possède un certain nombre de députés-fonctionnaires, parce qu'ils ont [tous, à différents degrés, la connaissance des affaires ; dès-lors ils y seront plus utiles que ceux qui n'en ont pas, ou qui n'ont que des vues théoriques, souvent dangereuses.

Cependant, comme il est sensible à toutes les intelligences, qu'un trop grand nombre de fonctionnaires à la chambre aurait de graves inconvénients ; il serait facile d'y remédier par une loi portant :

1° La chambre constituée, il sera vérifié si les députés fonctionnaires y dépassent le tiers ;

2° Dans ce cas, le président de la chambre déposera dans une urne les noms de tous les députés fonctionnaires ; ensuite, il en retirera autant de noms surpassant le nombre fixé.

3° Les députés fonctionnaires dont les noms seront sortis de l'urne cesseront leurs fonctions de député pour retourner à leur poste.

4° Les colléges qui auront nommé ces fonctionnaires seront convoqués pour élire d'autres députés non fonctionnaires.

Toute réunion d'hommes trop restreinte ou trop considérable dans un but quelconque est un mal. Dans la première hypothèse les idées sont étroites, dans la seconde il y a entrainement qui exclut la prudence et la modération ; il est donc utile d'éviter ce double inconvénient. Adoptant cette manière de voir à l'élection des députés, il est à remarquer qu'un département d'une population de 300 mille ames, s'il possède cinq colléges qui nomment chacun un député, les choix se ressentent souvent du quartier, du terrain, du clocher ; il serait peut être convenable que ces cinq colléges fussent réduits à deux, et composés de plusieurs sections, avec la faculté à chaque collège de nommer le premier 3 députés, le second 2 ; il en pourrait résulter que les choix renfermeraient, en eux mêmes, avec plus de certitude, l'expression d'intérêts généraux.

Nul n'est éligible s'il ne paye 500 f. de contributions ; mais un collége ne possède souvent qu'un petit nombre de personnes placées dans cette catégorie, parmi lesquelles il s'en trouve trop peu aptes à être députés. Dès lors les électeurs ne peuvent satisfaire au désir de porter la majorité de leurs opinions sur ceux qui leur conviendrait d'élire ; c'est pourquoi il serait convenable que les députés fussent indemnisés du temps qui les éloignent de leurs affaires pour s'occuper de celles du pays ; et que tous les électeurs pussent être élus députés ; ce qui permettrait de porter à la députation toutes les capacités éclairées et considérées qui représenteraient bien plus réellement tous les intérêts.

Comment les droits d'électeurs s'exercent-ils ? De qu'elle manière devraient-ils l'être ?

Les élections sont le plus ordinairement utiles à la société lorsque tous les électeurs, ou à peu près tous y participent ; elles peuvent être très dangereuses lorsqu'une trop notable partie des électeurs s'abstient d'y paraître. Ces absences laissent trop de champ soit au parti dominateur, soit au pouvoir, soit même à une poignée d'intrigants, d'ambitieux, d'exaltés ou d'aveugles, qui poussent à l'extrème d'autres aveugles et imprudents ; s'il en est ainsi, ou à peu près généralement, il en résulte de mauvais choix, et par suite de mauvaises lois et institutions.

L'homme veut des droits, mais il néglige d'en user ; dès-lors il faut savoir adroitement l'y contraindre.

Des personnes dans l'aisance, instruites, éclairées et considérées ; d'autres capables, également considérées, soit paresse, insouciance, ou qu'elles désespèrent de faire prévaloir leurs avis, ou qu'elles n'espèrent pas en retirer aucun avantage, ou enfin qu'elles boudent, elles s'abstiennent par suite de ces différents motifs de se rendre aux élections, et laissent agir ceux qui peuvent avoir des intérêts opposés. Non seulement c'est une inconséquence, mais c'est une faute grave, parce que la présence seule de quelques uns d'entre eux paralyserait les mauvaises tendances ; d'ailleurs, de l'ensemble des électeurs doivent naîtres le contrepoids, l'équilibre et la justice.

Un seul exemple, applicable à tous les autres, va faire ressortir ce qui résulte du plus ou du moins d'électeurs délibérants.

Supposons qu'une compagnie de grenadiers de la garne nationale, ladite compagnie composée de 120 hommes, soit convoquée pour faire le choix de ses officiers ; 90 s'abstiennent, 30 se présentent, délibèrent et font leur choix ; soyons persuadés que dix de ces grenadiers au moins, les plus exaltés, les plus ambitieux et désobéissants de la compagnie, emporteront les suffrages des vingt autres, pour se faire nommer eux ou leurs amis les plus près ; il en résultera des choix très médiocres, et de peu de considération ; au lieu que si 120 grenadiers eussent délibéré et donné leurs votes, il est à pressentir que les choix auraient été différents.

Dans le cas où cet exemple aurait un certain degré de vérité comme il doit en être ainsi de tous les autres, rien ne paraîtrait plus utile qu'une loi qui serait ainsi conçue :

« Quelque soit l'importance et le but d'une élection ,
« tous les électeurs, convoqués légalement, devront s'y
« rendre, sous peine d'amende, graduée sur l'échelle
« de leur fortune, impôts , produits de leurs em-
« plois, commerce , industrie ; dans le cas de récidive ,
« l'amende sera doublée.

Il en sera de même lorsque les citoyens seront appe-
lés dans une assemblée délibérante pour une fonction
gratuite et momentanée dans l'intérêt de la cité ; tel-
les que les réunions des conseils généraux des départements, des conseils municipaux, des administrateurs des
hospices, maisons de charités, établissements publics, etc.

Avec réserve de faire valoir de légitimes excuses par
devant qui de droit ; pour être, s'il y a lieu , déchargés
de ces amendes encourues par le seul fait d'absence
constaté au procès-verbal de la séance.

S'il est raisonnable de soutenir que les majorités des
opinions résultant du suffrage universel ou de celles
de plusieurs millions d'électeurs seraient dangereuses ,
ce serait une erreur capitale d'en induire que le grand
nombre est moins susceptible de sentiments les plus
généreux que le petit ; d'autant mieux que le plus ou
moins d'instruction modifie la nature mais ne la change
pas ; de telle sorte que l'individu né avec des disposi-
-tions bienveillantes en devient meilleur et que celui qui
vient au monde avec une organisation qui le porte à des
penchants nuisibles en devient plus à craindre.

De deux points de départ mis en rapport avec un troi-
sième de répulsion inverse, ces trois points signalés par
l'expérience des siècles, serviront à le démontrer d'une
manière sensible. Ainsi , malgré les Titus , Marc-Aurel,
Trajan et autres, n'est-il pas généralement reconnu que

c'est dans les deux extrémités de l'ordre social que se trouvent le plus de vices et d'immoralité? Et que c'est dans tout l'intervalle qui les séparent que se trouve également le plus de bonnes mœurs et de vertus? Dès lors que l'immoralité et les vices s'infiltrent des extrémités de la circonférence par ses rayons vers le centre; et que, par opposition, partent du centre des semences de vertus qui font effort pour parcourir le même chemin jusques aux dernières limites; de manière que le corps social est imbu de deux principes, dont celui du mal domine le plus ordinairement les extrémités, et tout ce qui en est le moins éloigné, et celui du bien domine plus spécialement au centre et sur le plus près de son entourage; il s'en suit que les hommes dont la puissance peut facilement franchir la limite des lois, qui en outre, sont passionnés et ambitieux, ces hommes sont enclins à commettre les plus grands crimes; tandis que d'autres hommes qui sont dans l'ignorance crasse et la plus profonde misère, s'ils se trouvent fortement organisés, descendent le plus souvent au dessous du sauvage et même des cannibales.

Il est heureux que chaque homme n'élève ses idées que très peu au dessus de l'atmosphère qui l'environne, parce que tous ont une tendance plus ou moins vive d'être jaloux des étages au dessus d'eux, jusqu'à l'inimitié, la haine, et le ressentiment; et quels que soit les avantages de leurs positions, ils en désirent et convoitent toujours une qu'ils s'imaginent être meilleure; tellement, que celui qui est parvenu à s'élever au dessus des autres, loin d'être satisfait, désire encore être le seul maître de la terre; et s'il y parvenait, il lui viendrait bientôt l'envie d'escalader le ciel.

Il est donc bien providentiel que les sentiments de famille, d'amour de la patrie, les besoins, le travail, les principes religieux et finalement les lois concourent à atténuer ces tendances sans bornes, pour les contenir, les rendre utiles et sans dangers. Dès lors les hommes agités par l'attrait d'avantages problématiques pour eux mêmes, ou pour d'autres, qui détraquent les esprits, commettent non seulement une faute, mais un grand crime ; et si plusieurs partis remuent une nation en sens inverse, ils tendent à engendrer le chaos. Une formidable armée ennemie serait beaucoup moins dangereuse pour la France, que l'influence désastreuse de quelques millions distribués avec tact pendant un certain temps par une puissance étrangère dans un but politique ; distribués, dis-je à un petit nombre d'âmes vénales qui se trouvent toujours dans tous les partis, dont ils sont l'opprobre, et qu'ils discréditent heureusement ; personnages ardents, toujours disposés à trafiquer de leur patriotisme avantureux pour de l'or ; que cet or, par hasard, provienne des bouches du Danube ou des rives de la Néva, ou bien plutôt des rives de la Tamise : peu leur importe. Qui sait ? Le Saxon perfide, le Tartare rusé, s'entendent peut être pour troubler la France et se partager le monde....

Quelles que soient mes paroles, ma main cherche la main, mon cœur touche au cœur de tous les enthousiastes et les exaltés de l'amour de la patrie, je ne méprise et ne repousse que les malhonnêtes gens.

Tout homme sensé doit donc avoir la prudence de ne croire personne sur de simples paroles, même les plus chaleureuses, et qui lui plaisent fort, sans avoir pris le soin de s'informer exactement si les paroles enflammées de ce sublime orateur sont identiques avec toutes les actions de sa vie, et si l'effet de ses paroles doit produire plus de bien que de mal.

Dans cette série de classes nombreuses, classes qui vivent d'un travail manuel ou d'une industrie, joints à de légers capitaux, qui ne leur laissent le loisir et la faculté que de recevoir une éducation très incomplète, éducation composée d'idées nettes et simples, à l'aide desquelles elle aperçoivent promptement dans un acte quelques côtés qui dénotent trompeusement l'injustice; tandis que les autres côtés qu'ils ignorent plus ou moins complètement, font que loin de vouloir les blesser, cet acte est véritablement un acte raisonnable qui ne saurait leur nuire, et doit même leur profiter. Ces classes s'impressionnent parce qu'elles ont tant besoin de justice, qu'elles sont disposées dans leur ardeur, de repousser l'apparente injustice de toute leur puissance même; et d'exposer au besoin leur vie pour s'y opposer et faire triompher ce qu'elles se persuadent être juste. C'est alors qu'elles deviennent réellement dangereuses, surtout lorsque des ambitieux les agitent; il résulte donc de ces observations, que s'il est essentiel d'éliminer des listes d'électeurs les plus près du pouvoir, on doit en faire autant des classes opposées, quoique si intéressantes, et de ne composer autant que possible dans le sens le plus large ces listes que des classes qui sont placées entre ces deux extrémités.

Il serait encore à désirer que les principes éternels de charité, liberté, fraternité, égalité, si mal compris du plus grand nombre, d'en haut comme d'en bas, sommeillassent chez les faibles, et fussent sans cesse en regard des puissants de tous les degrés, pour l'harmonie, la paix et le bonheur de tous.

www.ingramcontent.com/pod-product-compliance
Ingram Content Group UK Ltd.
Pitfield, Milton Keynes, MK11 3LW, UK
UKHW021000230726
13924UKWH00009B/147